Ser respetuosos

¡Así somos!

Un libro sobre el respeto

por Mary Small   ilustrado por Stacey Previn   Traducción: Patricia Abello

Agradecemos a nuestras asesoras por su pericia, investigación y asesoramiento:

Bambi L. Wagner, Directora de Educación
Institute for Character Development, Des Moines, Iowa
Miembro del Comité Académico Nacional/Capacitadora
Josephson Institute of Ethics - CHARACTER COUNTS!sm
Los Angeles, California

Susan Kesselring, M.A., Alfabetizadora
Rosemount-Apple Valley-Eagan (Minnesota) School District

PICTURE WINDOW BOOKS
Minneapolis, Minnesota

Dirección editorial: Carol Jones

Dirección ejecutiva: Catherine Neitge

Dirección creativa: Keith Griffin

Redacción: Jacqueline A. Wolfe

Asesoría narrativa: Terry Flaherty

Diseño: Joe Anderson

Composición: Picture Window Books

Las ilustraciones de este libro se crearon con acrílico.

Traducción y composición: Spanish Educational Publishing, Ltd.

Coordinación de la edición en español: Jennifer Gillis/Haw River Editorial

Picture Window Books

5115 Excelsior Boulevard

Suite 232

Minneapolis, MN 55416

877-845-8392

www.picturewindowbooks.com

Impreso en los Estados Unidos de América.

 Todos los libros de Picture Windows
se elaboran con papel que contiene por
lo menos 10% de residuo post-consumidor.

Library of Congress Cataloging-in-Publication Data

[Being respectful. Spanish]

Ser respetuosos : un libro sobre el respeto / por Mary Small ; ilustrado por Stacey Previn ;
traducción, Patricia Abello.

p. cm. — (Así somos)

Includes index.

ISBN-13: 978-1-4048-3846-8 (library binding)

ISBN-10: 1-4048-3846-5 (library binding)

1. Respect for persons—Juvenile literature. 2. Respect—Juvenile literature. I. Previn, Stacey. II. Title.

BJ1533.R42S6318 2007

179'.9—dc22   2007017455

Ser respetuosos es tener en cuenta lo que siente otra persona. *Es demostrarle que nos parece importante.*

Cuando tratamos a alguien con respeto, todos nos sentimos bien. Podemos ser respetuosos con otras personas, con nosotros mismos y hasta con el mundo.

Hay muchos modos de mostrar respeto.

Después del juego, las niñas de ambos equipos se felicitan.

Así muestran respeto.

5

Tamara pone la mesa con alegría para que su familia cene.

Así muestra respeto.

Antes del partido, todos se paran y se quitan los gorros cuando suena el himno nacional.

Así muestran respeto.

Cristina saca a Motas del cuarto cuando llega su tío.
Sabe que él es alérgico a los gatos.

Así muestra respeto.

Joe se baña, estudia, come bien y duerme lo suficiente.

Así muestra respeto hacia sí mismo.

Charo abre la puerta para que
su abuelita entre.

Así muestra respeto.

Mario no pisa las flores
cuando juega en el jardín.

Así muestra respeto.

Josh invita a todos a jugar.

Así muestra respeto.

Sam regresa a su casa a la hora
en que sus padres lo esperan.

Así muestra respeto.

Carolina le da las gracias a la señora que sirve el almuerzo.

Así muestra respeto.

23

Aprende más

En la biblioteca

Burch, Regina G. ¿Será lo correcto? Nuevo León, Mexico: Somos Niños, 2005.

Nelson, Robin. Respetar a los demás. Minneapolis,: Ediciones Lerner, 2006.

Schuette, Sarah L. Soy respetuoso. Mankato, Minn.: Capstone Press, 2004.

En la red

FactHound ofrece un medio divertido y confiable de buscar portales de la red relacionados con este libro. Nuestros expertos investigan todos los portales que listamos en FactHound.

1. Visite www.facthound.com
2. Escriba código: 1404810536
3. Oprima el botón FETCH IT.

FactHound, su buscador de confianza, le dará una lista de los mejores portales!

Índice

Busca todos los libros de la serie ¡Así somos!:

Ser buenos ciudadanos: Un libro sobre el civismo

Ser confiables: Un libro sobre la confianza

Ser considerados: Un libro sobre la consideración

Ser justos: Un libro sobre la justicia

Ser respetuosos: Un libro sobre el respeto

Ser responsables: un libro sobre la responsabilidad